AF311421

LETTRE

DE

M. LINGUET

AU COMITÉ

PATRIOTIQUE

DE BRUXELLES,

DE L'IMPRIMERIE PATRIOTIQUE.

1789.

AU COMITÉ

PATRIOTIQUE
DE BRUXELLES.

Ce 13 Décembre, (lendemain d'un jour
qui sera mémorable à jamais dans vos
Fastes.)

MESSIEURS,

QUand je n'aurois pour vous adresser une
expédition de la piece ci jointe, & pour
la communiquer au Public, d'autre mo-
tif que le desir de rendre en vos Personnes
un hommage à la liberté naissante, & au
Peuple Généreux qui l'a si miraculeuse-
ment reconquise, personne assurément ne
pourroit m'en blâmer. Les réclamations
contre la tyrannie ne peuvent trop tôt être
portées devant ses destructeurs.

Vous ne me direz pas ce que m'a répondu encore le 4 de ce mois, le Chef de l'administration oppressive dont DIEU, & votre
Epée, ont enfin débarrassé ces Provinces;

A 2

que ces petits détails font au deffous de vous, qu'il y a eu cinq cens citoyens enlevés dans le même tems, traités comme moi, qui ont peut-être fouffert plus que moi, & QUI NE CRIENT PAS SI HAUT.

Vous ne croirez pas que la multiplicité de ces crimes en foit la juftification.

Sans doute avec le tems fe déploieront les voix de toutes ces victimes de la plus monftrueufe ariftocratie *qui ait jamais exifté;* (1) *fans doute avec le tems on*

____

(1) Ces expreffions ne paroitront pas trop fortes quand les détails de l'adminiftration des *Pays-Bas Autrichiens,* fur-tout depuis quelques années, feront bien connus, & ils ne tarderont probablement pas à l'être. On ne tardera pas fans doute à révéler au public les procédés de ce que l'on appelloit ici le *Confeil Royal;* c'eft-à-dire l'affociation de fix, ou fept miférables intriguans, fans talens, fans mœurs, fans naiffance, fans fortune (LÉGITIME), qui avoient trouvé moyen d'accaparer la confiance du Prince, comme tant d'autres chofes, de fe fabriquer à eux-mêmes les titres d'un pouvoir illimité jufqu'à l'extravagance, (*témoin l'Edit des Intendans, ou Capitaines des Cercles*) & qui n'ont ceffé d'en ufer pour braver, pour tromper, pour défefpérer les peuples, en compromettant en tout fens le nom, la dignité, les droits réels du Prince, à quoi ils n'ont que trop bien réuffi.

demandera, on fera justice de ces for-
faits réalisés, accumulés sous prétexte
d'une conspiration imaginaire, avec une
impudence, une cruauté, & une legé-
reté tout-à-la-fois dont l'histoire n'offre
point d'exemple.

Les atrocités mêmes que la vôtre re-
proche avec trop de raison au Duc d'Albe,
& à ses complices, sont d'un autre gen-
re : elles étoient affreuses : mais elles
n'annonçoient pas le même mépris des
hommes, & des loix ; ce n'est qu'en ap-
parence qu'elles ont été plus sanglantes.
Si leurs successeurs, nos contemporains,
n'ont pas donné autant d'occupation aux
bourreaux, c'est le tems qui leur a man-
qué plutôt que la volonté ; d'ailleurs ils
n'ont que trop prouvé leurs dispositions
pour les assassinats.

Un lâche gazettier, longtems vil organe
du gouvernement heureux ; qui le mois
dernier en insultoit encore avec indignité,
en calomnioit les victimes, (1) & qui

---

(1) Le Journal Général de l'*Europe*, plus connu
dans ces Provinces sous le nom de *Feuille d'*HER-
VE, un des plus insolens, un des plus infidelles ré-
pertoires hebdomadaires de l'*Europe*, un de ceux
qui exigent le moins de talens. Tous ses articles de

voudroit aujourd'hui se glisser sous les

* * *

France ne font que la copie littérale d'un *bulletin* de *Paris* : auffi font-ils bien faits ; & ce font les feuls qui ayent le mérite du ftyle avec celui de l'exactitude.

Tous ceux où il eft queftion des affaires des *Pays-Bas*, des détentions de *Bruxelles* dans ces derniers tems, & de ce qui y avoit rapport, font un tiffu de fauffetés quant aux affaires en général, d'outrages envers les particuliers inté-reffés, & de calomnies, dont plufieurs réfléchies, hafardées de fang-froid : de ce genre eft celle qu'il s'eft permife contre moi, en obfervant » que M. *Linguet* étoit d'autant *plus coupable* » qu'il avoit toujours été *bien traité du Gouver-* » *nement*, & PENSIONNÉ de l'Empereur, &c. »

Je n'ai jamais été ni *penfionné*, ni *coupable*, le Gazettier ne pouvoit être de bonne foi dans l'erreur fur la *penfion*, puifque dans les N° 97, & 102. des *Annales*, que je lui envoyois alors en échange de fa feuille, j'ai configné la dénégation formelle de ce fait, & de toute efpèce de relation pécuniai-re, entre le Souverain, ou fon Gouvernement, & moi.

Et quant au prétendu *crime*, un conteur de nouvelles qui fur l'enlévement violent d'un ci-toyen, fe permet de le préfumer criminel, de pré-fenter au public des réflexions propres à agraver des préjugés défavorables, & à flétrir d'avance l'infortuné dont on étouffe la juftification, eft lui-même le plus criminel, & le plus méprifable des hommes.

Il a également infulté Mad. la Ducheffe d'*Urfel*, & les autres citoyens auffi injuftement compro-

drapeaux de la liberté triomphante, vient par un retour involontaire à ses anciens engagemens, de hasarder l'éloge de la douceur de l'administration fugitive : » *Dans* » *une lutte de trois années, dit-il, en-* » *tre l'Autorité & la Nation, la main* » *du bourreau n'a été levée sur person-* » *ne........* » (1) *Mais, misérable adulateur, c'est qu'elle étoit levée sur tout le monde ; c'est qu'elle n'a pas eu le tems de se baisser ; c'est que les soldats en ont fait l'office.*

A dater seulement de Janvier 1788, qu'on songe que le 22 de ce mois, jour à jamais, & bien tristement mémorable, le Ministre *exigeant une prévarication d'un corps de Magistrats investis sur leurs sièges par une troupe ménaçante, leur écrivoit qu'il ne leur donnoit* que deux heures, *après quoi il employeroit contre eux les* canons *& les* bayonnetes *; que dans le même moment on les employoit en effet sur la* Grand'Place, *contre un peuple également désarmé ; qu'on y as-*

---

mis par cette abominable inquisition. S'il échappe aux plaintes juridiques, aux trop équitables poursuites que motiveroient ses libelles périodiques, il ne le devra sans doute qu'au mépris qu'il inspire.

(1) N°. 148, pag. 271.

saffinoit de fang froid , à coups de fufil,
vingt citoyens dont tout le crime étoit d'a-
voir regardé marcher des foldats ; & que
pendant ces menaces , & ces exécutions,
les chefs du civil & du militaire étoient
occupés à répéter les pas d'un ballet qui
a eu lieu chez le premier , le lendemain.

Qu'on fonge que ces maffacres toujours
opérés fur une foule fans armes , ont fuc-
ceffivement parcouru de mois en mois ,
la même année , Anvers , Malines , Lou-
vain &c.

Qu'on fonge aux boulets rouges de Gand
aux rotifferies , aux autres exécrations
commifes dans cette ville le mois dernier ;
aux préparatifs multipliés depuis fix fe-
maines fous nos yeux , fans miftère fur
leur deftination , pour incendier Bruxelles ; à la promeffe notoirement faite au
foldat du pillage de cette Capitale , promeffe qui n'a été ni defavouée , ni re-
tractée ; promeffe à laquelle le Gouvernement a toujours fi bien tenu , qu'il n'a
fait aucun exemple , aucune recherche-
même , des vols militairement effectués
à Gand , quoique les fcélérats enrégimen-
tés qui s'y étoient gorgés de butin l'ayent
ouvertement rapporté ici , & qu'ils ayent
joui ouvertement, publiquement, de l'aveu
de leurs chefs, de ces richeffes paffagè-

rès & fanglantes, avec un fcandale bien digne de leur origine.

Qu'on fonge aux menaces confignées dans des placards IMPRIMÉS, de détruire à Bruxelles à coups de canon, toutes les maifons d'où on laifferoit tomber des pierres, OU QUELQUE CHOSE DE SEMBLABLE, & de mettre le feu à tous les villages où un feul particulier fe permettroit l'ombre d'une réfiftance aux ftipendiaires en uniforme qui viendroient les ravager.

Qu'on fonge au procès commencé, inftruit, contre le martir fortuné de la liberté, contre le reftaurateur de la Nation; à l'effort tenté encore au nom de l'Autorité civile en Juillet dernier pour flétrir ce nom de Vandernoot que la gloire & la reconnoiffance confacrent déja à l'immortalité;

Qu'on fonge à cette multitude de citoyens plongés aux termes d'UN EDIT (1), fans forme ni figure de procès, en Octobre dernier dans les cachots; foumis dans prefque toute la durée de Novembre à une jointe militaire, à un CONSEIL DE

____

(1) Du 19 Octobre 1789.

GUERRE, *dont la férocité ici n'a été enchaînée que par la lâcheté de ses suppots en campagne, & par la bravoure, la promptitude avec lesquelles les défenseurs de la liberté ont su conquérir des ôtages précieux aux agens du despotisme;* (1)

Enfin qu'on songe à la barbarie avec laquelle une femme de la premiere qualité, dont le mari versoit son sang, épuisoit sa fortune au bord du Danube pour le service de l'Empereur, a été investie ici

---

(1) Il est sûr que la prise du Chancelier De *Crumpipen* a été le premier, & quelque tems le seul obstacle aux plans sanguinaires du Gouvernement, à son ardeur de boire le sang des *Citoyens*. Quand ensuite ce Magistrat déserteur de la Patrie, de son office, s'est remis en liberté en violant sa *parole d'honneur*, comme il avoit en 1787 enfreint ses *Sermens*, la glorieuse affaire de *Turnhout*, celle de *Gand* plus glorieuse encore, ont rendu aux Patriotes des gages pour remplacer celui qui venoit de leur échapper par une si lâche perfidie : voilà vraiment ce qui a sauvé la tête des captifs. C'est parce que l'épée des *soldats* s'est trouvée impuissante que celle du Bourreau est restée sans usage.

Je ne parle pas de l'innocence des détenus, elle ne leur auroit pas plus servi que les loix. C'est à *Turnhout*, c'est à *Gand* qu'ils ont été absous. Leurs fers forgés par la main impure de la fraude, & du crime, n'ont été brisés que par celle de la victoire.

dans son propre hôtel par une garde im-
pitoyable, traînée avec un appareil ef-
frayant tout-à-la-fois, & dérisoire, à une
prétendue confrontation qui n'étoit qu'un
crime de plus de la part des prétendus
juges, &c.

Qu'on rapproche tous ces faits, & bien
d'autres dont l'énumération seroit trop
longue, & qu'on juge de la douceur
de l'administration aujourd'hui éclipsée;
qu'on juge si la main du bourreau n'a
été levée sur personne.

Tandis que vous vous occuperez, Messieurs, de la régéneration des loix qui ga-
rantiront (tous lés bons citoyens l'es-
perent) cette belle partie de l'Europe
du retour des mêmes infortunes, les Magistrats que le vœu public rappelle à leur
siège, travailleront à les réparer; ils ac-
cueilleront les plaintes de ce nombre ef-
frayant d'opprimés, dont le silence sembloit,
il y a encore si peu de jours, enhardir
le chef de leurs oppresseurs. Si je prends
sur moi de les devancer, c'est pour vous
soumettre une réflexion que je crois juste,
& digne de votre considération.

Indépendamment des procédés person-
nels, les exécuteurs des ordres despotiques
si incroyablement multipliés en Octobre
dernier, de ces innombrables enlevemens

confommés par des hommes foi difant de
Loi , fans autres décréts que des bayonnettes , ont commis dans les maifons li-
vrées à leurs ravages des fpoliations ina-
préciables. A commencer par la mienne ,
les détails que vous allez lire dans la
pièce ci-jointe font encore bien au deffous de la vérité. Ils m'ont enlevé les fruits
du travail de TRENTE ANNÉES dans tous
les genres.

Ma lettre a été remife entre les mains
de l'Empereur LUI-MÊME , le 21 Novembre : & cependant je n'en ai reçu aucune
fatisfaction.

Bien plus , quoique par refpect pour
un Prince fur la juftice perfonnelle de
qui je comptois encore, je n'aie ni donné ,
ni laiffé prendre de copie de ma lettre
à qui que ce foit , fans exception , elle
a déja paru imprimée dans des feuilles
publiques étrangères : je ne puis douter
dès-lors qu'on n'ait à mon égard fuivi la
marche fi dangereufe , fi injufte , & pour-
tant en quelque forte confacrée dans les
bureaux de Vienne ; c'eft-à-dire que la
partie de ces bureaux correfpondante , .
& complice du Confeil-Royal de Bruxelles , a perfuadé à l'Empereur de ren-
voyer mes plaintes à ce Confeil, & de

confulter fur ce qu'il devoit en croire,
les tyrans dont je lui dénonçois les at-
tentats.

Elle fe fera trouvée dans un des pa-
quets de dépéches interceptées : elle au-
ra été livrée à l'empreffement toujours
avide, quelquefois excufable, des gaze-
tiers pour les nouveautés ; par-là un
confeil qui n'eft plus a évité l'embar-
ras de s'expliquer fur des vexations, dont
l'effet fubfifte encore.

Car, Meffieurs, de tout ce qui a été
enlevé chez moi, rien, abfolument rien, ne
m'a été reftitué. Malgré des ordres précis
que ma jufte indignation a arrachés, le 4
de ce mois au Miniftre encore regnant, les
voleurs font reftés en poffeffion de leurs
pillages, & les feuls qui fe foient montrés, ne font pas les feuls qui y ayent eu
part. Les circonftances m'ayant donné
quelque afcendant fur ces voleurs fubal-
ternes nommés Goubau, foi-difant alors
Fiscal, Vanlacken, foi-difant Procu-
reur-General, Defprés, foi-difant je ne
fais quoi, dans l'angoiffe où mes interpellations énergiques les ont jettés il leur
eft échappé un étrange fecret ; c'eft que la
plus grande partie, la plus précieufe, de
mes effets enlevés par eux, étoit éparfe

dans les mains de ces autres voleurs en chef, *nommés* Crumpipen, le Clerc, Felts &c , ET Y SONT ENCORE.

J'ignore , Messieurs , si un pareil attentat , a été commis envers aucun de mes confreres en infortune d'Octobre dernier , mais je crois devoir vous le dénoncer pour ma part ; & en attendant que le tribunal qui peut seul m'en faire une justice proportionnée , soit rentré dans ses fonctions, ne vous sembleroit-il pas équitable d'ordonner un arrêt PROVISOIRE *, s'il se peut , sur la personne , ou au moins les scellés sur les maisons & les effets de ces brigands ?*

Ils ont abusé de la force militaire : ils l'ont souillée en l'associant à leurs rapines ; vous en ferez un usage légitime, honorable même en l'employant , non pas comme eux au déplacement , à la dissipation , mais à la conservation des gages sans lesquels tous tant que nous sommes d'intéressés , nous ne pourrons jamais obtenir qu'une justice illusoire , & des réparations fictives.

Cependant , Messieurs , cette justice , ces réparations ne peuvent pas vous paroître un objet indifférent , surtout si l'inconcevable aveu du Miniftre que vous venez de voir, eft fondé ; fi la crife d'Octobre dernier a produit CINQ CENS vexations auffi odieufes, auffi cruelles que celle dont je lui reprochois l'horreur.

Un fpartiate qui n'avoit pu être nommé dans un Comité de 300 perfonnes choifies par le peuple, fe félicitoit de ce que la République avoit trois cens citoyens encore plus honnêtes gens que lui : après avoir lu la lettre ci-jointe vous fremirez de penfer qu'au moment où un des vôtres périffoit ainfi de toutes les efpèces de douleurs, cinq cens non moins innocens étoient peut-être encore plus malheureux que lui. Les détails de mon infortune feroient utiles, néceffaires, j'ofe le dire, quand ils ne devroient fervir qu'à apprécier la leur.

Je fuis avec refpect,

MESSIEURS,

Votre très-humble, & très-obéiffant Serviteur

LINGUET.

A
SA MAJESTÉ
L'EMPEREUR ET ROI.

A Bruxelles : de la Baſtille, le 1 Novembre 1789

Oui, Sire, de la Bastille : elle
eſt détruite à *Paris* ; de toutes les exécutions violentes ſi multipliées en *France*
depuis trois mois, c'eſt la ſeule à laquelle j'aie applaudi, & en cela je me
ſuis conformé à ce que Votre Majeſté
m'a dit elle-même en perſonne,

De cet affreux château, palais de la vengeance.

Il eſt reſuſcité ici pour moi, & reſuſcité plus cruel, plus ruineux, plus ſcan-
daleux s'il eſt poſſible, dans tous les ſens,
qu'il n'a jamais été aux bords de la *Seine*.
Je ne veux pas abuſer des momens de
Votre Majeſté. Voici le plus briévement
que je pourrai un hiſtorique de mes
aventures, & de ma ſituation ; il en exiſte
dans mes papiers un autre relatif à
d'autres époques de ma vie *que Votre*

Majefté connoîtra peut-être un jour; (1) il lui caufera fûrement quelque furprife : mais Elle ne lira pas celui-ci fans pitié, & fans indignation.

La nuit du Dimanche 17 Octobre au Lundi 18, à une heure du matin, j'ai été réveillé par le fracas que fefoit une troupe d'hommes armés qui enfonçoient ma porte fur la rue ; à peine ainfi ouverte, ma maifon a été inondée de fufiliers *commandés* par trois hommes à moi inconnus, qui fe font dits HOMMES DE LOI, & qui fans exhiber ni décrets, ni *ordres d'aucune efpèce*, fans annoncer de quelle part, au nom de qui ils agiffoient ; fans autre titre, fans autre gefte, fans autre réponfe à mes interpellations réitérées que la pointe des bayonnettes appuyée fur ma poitrine, & celle de

------

(1) Le defir, & l'efpérance de le fupprimer étoient un des objets de ma détention. Les confeillers fcrupuleux qui s'y trouvent depeints craignoient ce tableau trop fidelle : c'eft heureufement un des articles qui a échappé à leurs recherches. Il a été expédié à *Vienne* à l'Empereur le 6 Décembre. Il eft actuellement fous preffe, & ne tardera pas à être donné au public : il contient ma correfpondance avec le Cte. De *Trauttmanfdorff* depuis le 6 Mars 1788 jufqu'au 6 Décembre 1789. inclufivement.

mes domeſtiques, m'ont enlevé de ma maiſon avec mon ſecrétaire; on a chaſſé de mon appartement tout mon monde, ſans me permettre de parler à qui que ce ſoit, *ſans exception*; on y a appoſé de prétendus ſcellés, *ſans vouloir que je les reconnuſſe, ni que j'y joigniſſe mon cachet*; on a laiſſé des ſentinelles à toutes les portes, & l'on m'a conſtitué captif ici, avec une ſentinelle auſſi, de jour, & de nuit; on m'a dit qu'on me feſoit grace en n'en poſant pas une en dedans.

Depuis ce moment, SIRE, toute eſpèce de rapport, de communication m'a été interdite; mon ſecrétaire ſéparé de moi, eſt enfermé, & gardé avec la même rigueur. Dans cet intervalle on a procédé à la viſite, ou plutôt au pillage de ma maiſon; on n'a pas accompli l'ombre d'une formalité.

Les détails de cette inquiſition me ſont encore inconnus : tout ce que j'en ai appris, c'eſt que l'on feſoit dans mes cabinets des viſites arbitraires, ſans *témoins*, ſans *inventaire*, ſans *deſcription*; qu'on ouvroit, qu'on fouilloit tout, qu'on briſoit tous les cachets (1) : qu'on em-

---

(1) Juſqu'à ceux d'un teſtament *olographe*.

portoit, qu’on rapportoit de jour, & de nuit, & de ces ſpoliations noćturnes le haſard m’en a fourni une preuve précieuſe que je n’ai pas encore pu conſtater *juridiquement*, parce que dans tout ce qui me concerne il n’y a pas encore eu l’ombre d’une formalité ni juridique, ni autre.

Ce n’eſt pas tout, Sire : je ſuis attaqué d’une maladie que le moindre accident peut rendre mortelle : c’eſt une rétention d’urine ; j’ai penſé en périr en Mars dernier ſur la route de *Vienne* où j’allois porter à Votre Majeſté, l’hommage d’un zèle bien pur, & qu’il eſt fâcheux en plus d’un ſens *pour ſon repos*, & j’oſe le dire *pour ſa gloire*, qu’Elle n’ait pas reçu ; cette maladie s’eſt agravée par ma ſituation aċtuelle : toute eſpèce de ſecours m’a été refuſée.

On m’a bien envoyé un Chirurgien : on lui a dit de me traiter ; il a déclaré deux fois par écrit que cela lui étoit impoſſible ici, & ſur-tout avec la clôture qui m’y écraſe ; on a répondu que les choſes ne pouvoient pas être autrement ; & en effet, Sire, à mon âge, perclus par une ſuite de la maladie, n’ayant abſolument perſonne pour m’aſſiſter, je péris de douleur, de détreſſe, ignorant *de quoi je suis accusé*, ou *même si je suis accusé* ; instruit seulement que depuis quinze jours, mon existence physique, *civile*, *politique*, *littéraire*, *pécuniaire*, est dans des mains que je ne connois pas ; instruit qu'elles se permettent des manœuvres dont la clandestinité prouve trop que leur objet est de détruire les preuves de l'innocence, ou de fabriquer les indices supposés d'un délit.

Dans ce cabinet, SIRE, indépendamment des matériaux précieux de toute espèce en littérature, amassés en trente années d'une vie laborieuse ; indépendamment des titres d'une infinité de particuliers qui depuis vingt ans m'ont honoré de leur confiance, se trouvent des correspondances honorables pour moi, & qui en ce moment feroient ma plus belle justification, comme celle de M. le Comte *de Mercy*, toute celle qui est relative à l'*Escaut*, & bien d'autres ; enfin, SIRE, là se trouvent aussi tous les titres de mes propriétés, de tous mes comptes, de toutes mes affaires ; plus de *cent mille florins* tant en espèces qu'en billets au porteur, de la Caisse d'Escompte, ou autres effets précieux ; on n'a pas pris l'ombre d'une précaution pour assurer rien de tout cela, *quoique j'en aie formellement averti, & prié votre Minis-*

tre, par une lettre en date du quatrieme jour de ma détention : on n'a rien fait, ni pour en empêcher, ni pour en conftater le divertiffement.

Et je n'ofe, SIRE, marquer la moindre défiance : je n'ofe former de réclamations à ce fujet ; quand je le voudrois , il eft douteux que je le puffe : depuis quatre jours je demande fans ceffe un *Confeffeur* , & un *Notaire*. Il en eft comme des fecours de l'art : on répond qu'on ne veut pas m'en priver : mais ni les uns , ni les autres n'ont pu parvenir jufqu'à moi.

Et quand ces dépofitaires arriveroient, je ne fais fi je devrois hafarder ma confidence ; fi, comme j'ai trop lieu de le craindre , on a malverfé , que ne fe permettra-t-on pas pour couvrir les prévarications ? Un attentat contre ma vie ne feroit pas plus difficile , plus atroce que celui qui m'a ravi ma liberté ; il feroit en quelque forte plus motivé ; & même pour le confommer il ne faut pas un grand effort. Pour achever de m'éteindre , il ne faut que prolonger de quelques jours l'état où je fuis.

Voilà , SIRE , un détail douloureux , mais exact. Je ne m'abaiffe pas à dire à Votre Majesté, que je ne suis pas coupable. Il est au dessous de moi d'employer une assertion qui peut être commune au crime comme à l'innocence ; ce que je dis bien hardiment, c'est que je ne puis pas être coupable. Je demande à connoître enfin de quoi on m'accuse ; je demande des juges ; je demande un procès instruit rigoureusement, avec un ordre précis de le faire passer sous les yeux de Votre Majesté, & je la supplie de me reserver quelques momens pour aprécier mes justifications.

Ah, SIRE, qu'elles me seroient glorieuses ! qu'elles vous seroient même utiles ! qu'elles le seroient à vos peuples ? Mais vivrai-je jusques-là ? Et les mains qui depuis un an ont trouvé moyen d'intercepter toute espèce de correspondance entre Votre Majesté, & moi, se refuseront-elles à un attentat de plus qui assureroit leur tranquillité sur cet article ? La pureté de ma conduite ne peut vous être connue sans dévoiler à vos yeux, l'atrocité l'imbécillité de la leur.

Si je meurs, SIRE, sans avoir joui de cet avantage, j'ose recommander à Votre Majesté, ma mémoire, & la généreuse amie qni lui fera paffer la préfente lettre. Votre Majefté a daigné la féliciter, la *remercier*, ce font fes termes, en perfonne, du courage, & de l'attachement qu'elle avoit montrés pour moi, pendant ma premiere BASTILLE : elle a encore le même courage, mais pouvoit-elle s'attendre que ce feroit dans les états de Votre Majefté qu'elle trouveroit de quoi l'exercer une fecond e fois?

Je fuis &c.

PS. En recevant cette lettre, que Votre Majefté ne croie pas que la rigueur de ma clôture fe foit relâchée : l'occafion dont je profite eft la premiere que j'aie encore eue de l'éluder, avec le bonheur d'y réuffir.